AF481258

Nudo

Naken

Italiano-Norvegese

Libro illustrato bilingue per bambini

Richard Carlson

Suzanne Carlson

The author would like to thank the illustrator and translators for their help.

I miei due fratelli minori, Michael e Steven, ed io stavamo lottando in un'enorme, densa e profonda pozzanghera di fango nel nostro cortile. Poi, è arrivata l'ora di cena.

La mamma è entrata nel cortile sul retro e ha detto: "Spogliatevi che vi lavo".

Mine to lillebrødre, Michael og Steven, lekte bryting i en svær, tykk og dyp sølepytt i bakhagen. Så var det tid for middag.

Mor kom ut i bakhagen og sa: «Ta av dere klærne, så skal jeg spyle dere.»

Michael e Steven si sono tolti tutti i vestiti, ma io ho lasciato le mutande.

"Togliti le mutande", ha detto la mamma.

Michael og Steven tok av seg alt, men jeg beholdt underbuksen på.

«Ta av deg underbuksen», sa mor.

Mi è venuto un nodo in gola. Sarah, una ragazza della mia età, abitava nella casa accanto.

Sarebbe stato già abbastanza brutto per una ragazza vedermi in mutande, figuriamoci vedermi nudo. Sentivo il cuore che mi batteva in gola.

Jeg følte at magen min sank som en sten. Sarah, en jente på min egen alder, bodde i huset ved siden av.

Det ville vært ille nok at en jente så meg i undertøyet, for ikke så snakke om naken. Jeg hadde hjertet i halsen.

"Non voglio", risposi, accigliato e indicando la casa accanto alla nostra.
"Sarah potrebbe vedermi nudo".

«Jeg vil ikke», svarte jeg med en sint grimase og pekte på nabohuset.
«Kanskje Sarah ser meg naken.»

"Va bene, puoi lasciartele addosso", ha risposto la mamma con un grande sorriso. Ho sentito il mio stomaco nervoso e tremante tornare alla normalità.

«Greit, du kan beholde den på», svarte mor med et stort smil. Jeg følte at den nervøse og dirrende magen min gikk tilbake til vanlig tilstand.

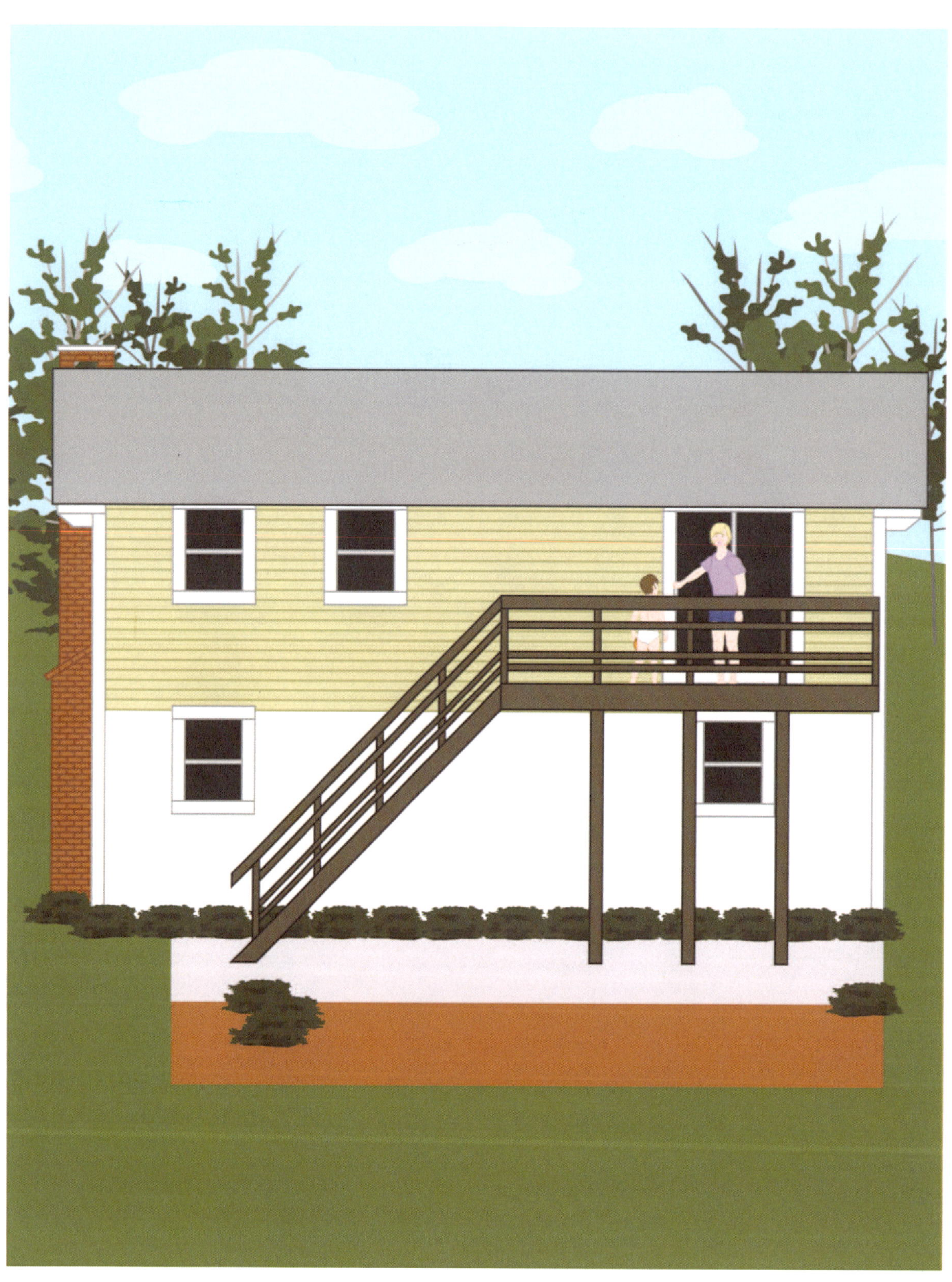

La mamma mi ha spruzzato per lavarmi, poi abbiamo salito le scale fino al pianerottolo e siamo entrati attraverso la porta scorrevole.

Mor spylte meg ren, så gikk vi opp trappene til terrassen og inn gjennom skyvedøren.

Dentro, mi sono sentito al sicuro, allora mi sono tolto le mutande. I miei fratelli ed io andammo velocemente, nudi, nelle nostre camere da letto e ci vestimmo di fresco.

Sono così felice di aver detto alla mamma come mi sentivo!

Inne i huset følte jeg meg trygg, så jeg tok av meg underbuksen. Nakne skyndet brødrene mine og jeg oss inn på soverommene våre og fikk på oss rene klær.

Jeg er så glad for at jeg fortalte mor hva jeg følte!

Informazioni sul libro: Richard è un ragazzo molto timido, sensibile e fantasioso. Non c'è niente di più imbarazzante per lui di essere visto nudo da una ragazza. La mamma capirà la sua situazione e lo aiuterà a uscire dalla situazione scomoda in cui si trova? Basato su una storia vera accaduta a Stormville, nello stato di New York, USA, intorno al 1979.

L'autore: Richard Carlson Jr. è un autore di libri bilingui per bambini. www.richardcarlson.com

L'illustratrice: Suzanne Carlson, artista dotata di un talento poliedrico, si diverte a creare un'ampia gamma di progetti. www.suzannecarlson.com